suhrkamp taschenbuch 3772

Dieses Buch läßt sich als eine Art punktueller, unvollständiger Autobiographie Alice Millers betrachten. Sie enthält zwar keine Berichte über äußere Fakten, aber Mitteilungen über die innere Entwicklung der Autorin. Dies geschieht in der Sprache der Bilder, die nicht geplant, nicht entworfen wurden, sondern sich ganz spontan ergeben haben, gewissermaßen vom Unbewußten diktiert. Die Bilder erzählen – andeutungsweise – die Geschichte vom isolierten Kind, das verzweifelt und vergeblich die Nähe seiner Eltern sucht, seines Lebens nicht sicher, und vom Schutz durch die erwachsene Frau, die erst im hohen Alter die Qualen und Ängste ihrer ersten Jahre voll begriffen hat und sich so von deren Folgen befreien konnte.

Anhand von 66 Bildern aus den Jahren 1973 bis 2005 erzählt Alice Miller die Geschichte ihrer inneren Entwicklung – eine spannende und farbenprächtige Geschichte.

Alice Miller studierte in Basel Philosophie, Psychologie und Soziologie. Nach der Promotion machte sie in Zürich ihre Ausbildung zur Psychoanalytikerin und übte 20 Jahre lang diesen Beruf aus. 1980 gab sie ihre Praxis und Lehrtätigkeit auf, um zu schreiben. Seitdem veröffentlichte sie elf Bücher, in denen sie die breite Öffentlichkeit mit den Ergebnissen ihrer Kindheitsforschungen bekannt machte.

Zuletzt erschienen als suhrkamp taschenbuch *Die Revolte des Körpers* (st 3743), *Evas Erwachen. Über die Auflösung emotionaler Blindheit* (st 3561) und *Abbruch der Schweigemauer. Die Wahrheit der Fakten* (st 3497).

Alice Miller
Bilder meines Lebens

Suhrkamp

Umschlagabbildung: Alice Miller, *Die kleine Mutter* (Bild 28)

suhrkamp taschenbuch 3772
Erste Auflage 2006
© Suhrkamp Verlag Frankfurt am Main 2006
Suhrkamp Taschenbuch Verlag
Druck und Bindung: Kösel, Krugzell
Printed in Germany
Umschlag: Göllner, Michels, Zegarzewski
ISBN 3-518-45772-1

1 2 3 4 5 6 – 11 10 09 08 07 06

Bilder meines Lebens

Vorwort

Als ich im Alter von 48 Jahren mit dem Malen begann, begab ich mich auf eine Reise in mein Inneres, ohne zu ahnen, was mich dabei erwartete. In meinem Buch *Bilder einer Kindheit*, das 1985 im Suhrkamp Verlag erschienen ist, habe ich erzählt, wie ich auf dieser Reise meiner Kindheit begegnet bin. Inzwischen weiß ich natürlich viel mehr über meine ersten Lebensjahre, aber das spontane Malen ist eine wichtige emotionale Kraftquelle in meinem Leben geblieben.

Damit meine ich ganz und gar nicht irgendeine religiöse Kraft oder etwas Mystisches. Ich würde eher sagen, wenn ich mit Farben zu spielen beginne, meldet sich das kleine Kind in mir, das ich einst war, das sich in meiner ganzen Ausbildung und späteren Tätigkeit niemals in diesem Maße äußern durfte. Wenn ich die Farben aus der Tube drücke, freut sich dieses Kind über deren Vielfalt, über die Gefühle, die sie in ihm auslösen, über die Freiheit, seinen Impulsen nachgeben zu dürfen. Es freut sich, niemandem eine gute Leistung schuldig zu sein, keine schönen Bilder produzieren zu müssen, sondern allein den Bedürfnissen zu gehorchen, die sich in seinem Inneren anmelden. Diese lange vernachlässigten oder ignorierten Bedürfnisse sind vom erwachsenen Teil in mir nicht immer leicht einzuordnen. Aber die Erwachsene hat mit der Zeit gelernt, dem Kind nicht zu widersprechen, es nicht erziehen, ihm nichts beibringen zu wollen, sondern es einfach »machen« zu lassen. Und am Ende entsteht etwas, das ich manchmal sofort, manchmal allerdings erst nach vielen Jahren verstehen kann.

Der Anfang dieses Abenteuers scheint mir sehr aufschlußreich für die spätere Entwicklung, daher möchte ich hier darüber berichten:

Ich habe bei einigen Malern versucht, eine Ausbildung zu machen, aber rasch abgebrochen, wenn ich das Gefühl hatte, meine Freiheit werde von deren Vorstellungen und Ratschlägen bedroht. Ich wollte keine Ratschläge, sondern etwas völlig anderes, das ich damals noch gar nicht benennen konnte. Dann hatte ich das Glück, einer Lehrerin zu begegnen, die mir half, meine Hemmungen, meine Angst vor dem Versagen, vor dem Noch-nicht-Können abzulegen und mich auf das Abenteuer einzulassen. Das bedeutete für mich zunächst nichts anderes, als mit den Farben zu spielen und deren Intensität zu genießen. Ich war überrascht, wie schnell der Leistungsdruck von mir wich.

Doch dieser Leistungsdruck und die Angst vor dem Versagen erwiesen sich als ein nur oberflächliches Hindernis. Sehr bald begegnete ich nämlich einem viel tieferen Widerstand, der sich zunächst in einer körperlichen Reaktion äußerte. Es war in einer Malgruppe. Ich bekam von der Lehrerin einen dicken Pinsel und einen Eimer, in dem Reste von verschiedenen Plakatfarben zusammengegossen, aber noch nicht vermischt worden waren. Ich genoß es zuerst, mit diesem Pinsel über das weiße Papier zu streichen und die dabei entstehenden Farben zu entdecken. Es war ein sehr intensives Glücksgefühl, daher konnte ich nicht begreifen, weshalb mich aus heiterem Himmel eine grenzenlose Müdigkeit überfiel und ich weder imstande war, den Pinsel zu bewegen noch überhaupt an der Staffelei zu stehen. Die Lehrerin meinte, ich solle doch für dieses Mal aufhören und schauen, wie es mir am nächsten Tag gehen würde. So verbrachte ich den Nachmittag im Wald, wo die Müdigkeit schnell nachließ. Daraus zog ich den falschen Schluß, daß mich das Stehen an der Staffelei körperlich zu sehr anstrenge. Ich beschloß, mich richtig zu erholen und am nächsten Tag nicht mehr im Atelier zu arbeiten.

Die Müdigkeit hatte jedoch einen ganz eigenen Grund. Mein Körper mußte all die starken Emotionen unterdrükken, die jetzt auf einmal, angeregt durch die Farben, an die Oberfläche drangen. Dies beanspruchte meine ganze Kraft, was erst in der Nacht verständlich wurde. In mehreren Alpträumen erlebte ich nämlich Häuserbrände und Bedrohungen. Am nächsten Morgen wußte ich, daß ich malen wollte, daß es nun kein Zurück mehr gab. Ich kam ins Atelier und sagte, ich wolle Feuer malen, womit ich vermutlich die so lange zurückgehaltene Gefühlsintensität meinte. Auf jeden Fall malte ich in dieser Woche unendlich viele Bilder mit einfachen Plakatfarben auf gewöhnlichem Packpapier und brachte so die Einsamkeit und Sprachlosigkeit des pubertierenden Kindes zum Ausdruck. Ich war von diesen Bildern in hohem Maße überrascht, weil hier eine Welt zum Vorschein kam, von der ich lange nichts mehr hatte wissen wollen.

Zunächst verhielt sich meine Lehrerin sehr einfühlsam. Als sie die ersten Bilder sah, sagte sie: »Das ist stark, das ist echt.« Diese Reaktion freute mich, und doch spürte ich die Gefahr einer erneuten Blockierung. Ich sagte ihr: »Ich möchte gar kein Urteil hören, damit ich mich nicht unbewußt deinen oder irgendwelchen anderen Erwartungen anpasse. Ich möchte jetzt nur den Impulsen gehorchen, die mich zu dieser oder jener Farbe drängen, mir diese oder eine andere Bewegung diktieren. Ich weiß selbst nicht, warum ich es so und nicht anders mache, und ich muß riskieren, daß diese Bilder dir überhaupt nicht gefallen. Ich spüre sogar, daß dieses Risiko etwas für mich sehr Bedeutsames ankündigt, weil es mir so neu ist. Ich möchte nicht ›Kunst machen‹, sondern einer in mir verborgenen Wahrheit, die ich noch nicht kenne, Ausdruck geben.«

Die Lehrerin schien das verstanden zu haben. Zu diesem Zeitpunkt unterstützte sie mich noch, obwohl sie es lieber gehabt hätte, wenn ich abstrakt geblieben wäre, ohne in den Farbflecken immer wieder Gesichter oder Figuren zu entdecken. Doch sie ahnte, wie wichtig es für mich war, mich keinen Vorschriften zu fügen und vor meinen Gefühlen nicht in die Abstraktion, in das gedankliche Konstruieren fliehen zu müssen. Mit der Zeit spürte ich aber immer deutlicher, daß ich meinen Weg allein gehen mußte.

Nach Erlebnissen aus der Pubertät tauchte in meinen Bildern die Welt meiner frühen Kindheit auf, an die mir notgedrungen jegliche Erinnerung fehlte, und ich blieb allein mit der Aufgabe der Verarbeitung. Später traf ich dann einen Maler, der ähnlich wie ich aus dem Unbewußten heraus malte und zugleich ein großer Könner und Pädagoge war. Leider konnte ich nicht so häufig mit ihm arbeiten, wie ich gewollt hätte, da er weit entfernt wohnte. Aber ich verdanke ihm sehr viel, weil er mir in wenigen Wochen verschiedene Techniken beibrachte, ohne meine Kreativität zu gefährden und meine Freiheit einzuschränken. Das ist nicht selbstverständlich. Ich habe das nach Jahren noch einmal erlebt, wenn auch weniger intensiv. Bei allen anderen Mal-Workshops gab ich sehr schnell auf, weil ich Vorstellungen begegnete, die mich einengten: die Meinung zum Beispiel, daß man zuerst eine Technik lernen müsse, um sich dann besser, weil geschickter auszudrücken als zuvor. Dies mag auf viele Menschen zutreffen, für mich gilt es nicht. Wenn ich etwas lernen sollte (etwa die Regeln der Perspektive), um es später »für kreative Zwecke zu nutzen«, wurde ich schläfrig und konnte überhaupt nichts aufnehmen.

Eine Freundin sah sich meine Bilder auf meiner Website an und schrieb mir, was sie in ihnen für sich entdeckt hat. Das freute mich sehr, weil ich die Bilder auf diese Weise noch nicht wahrgenommen hatte; wie so oft habe ich etwas dargestellt, was mir noch gar nicht bewußt war. Denn ich hege keine bestimmten Absichten beim Malen, habe nie ein konkretes Thema, beispielsweise eine Landschaft, ein Haus oder ein Stilleben. Ich wähle Farben, die mich im Moment anziehen, ich folge meinem Bedürfnis nach dieser oder jener Handbewegung, und schließlich sehe ich ein Bild, das mir etwas sagt, das ein Gefühl in mir weckt: Beklemmung, Erleichterung, Befreiung, Staunen. So entstehen Bilder aus Gesten und Zufällen, die weder geplant noch konstruiert sind. Ich würde sagen, sie kommen zu mir wie Träume, ich empfange sie und freue mich, wenn ich sie verstehe.

Die Gefühle, die meine Bilder in mir hervorrufen, sind manchmal Gefühle der Trauer, aber häufig auch der Freude: der Freude an der Freiheit, an der Bewegung, an den Farben, an Begegnungen. Und vor allem an der Entdeckung. Denn das Malen überrascht mich immer wieder mit neuen Entdeckungen über mich selbst, über mein Unbewußtes und meine Kindheit. Lange Zeit hatte ich meine Krankheiten und depressiven Verstimmungen den gegenwärtigen Umständen zugeschrieben. Daß ich immer noch an meiner vollständig verdrängten Kindheit litt, wäre mir trotz der Therapien nie in den Sinn gekommen, hätte ich meine Bilder nicht gemalt. Doch schließlich aufgetaucht, ließ sich das ehemals stumme Kind nicht mehr den Mund verbieten. Es wollte seine Geschichte erzählen, weil es nun nicht mehr allein war, weil ich ihm jetzt endlich zuhören konnte.

Die Bilder der letzten Jahre sprechen in Andeutungen, sie erzählen von Begegnungen, von Kämpfen, von Niederlagen und Siegen, aber auch von Befreiung und Frieden. Ich habe mit der Zeit eine Technik entwickelt, die ganz meinem Bedürfnis entgegenkommt, mich vom Denken, Wollen und vom Leistungsdruck zu entfernen und mich nur dem Unbewußten zu überlassen, das heißt das zu tun, was meine Hand im Moment will. Ich muß also ganz spontan und schnell arbeiten. Das Ergebnis ist daher frei von jeglicher Kalkulation und nicht immer in Worte zu fassen. Aber die Bilder stellen ein Angebot dar, zu kommunizieren, und genau dies entspricht meinem Wunsch.

Wenn mir Freunde sagen, was sie in meinen Bildern sehen, ist es meistens etwas ganz anderes als das, was ich selbst in ihnen sehe, aber die Stimmung, die sich beim Betrachten herstellte, ist oft ähnlich. Für mich entsteht da die Kommunikation, die Begegnung mit der Innenwelt eines anderen durch den Austausch der Eindrücke. So hoffe ich, daß sich auch der Leser nicht verpflichtet fühlt, zu fragen, was er hier sehen sollte, sondern frei sein wird, seinen eigenen Gefühlen zu folgen und zu spüren, was die Bilder in ihm auslösen. Es können auch nur Unwille und Ungeduld sein, warum nicht?

Ich sehe meine Art zu malen nicht als eine Form von Kunsttherapie. Meines Erachtens geht es in der Kunsttherapie nicht in erster Linie um die Aufdeckung der Kindheit, sondern um eine befreiende Tätigkeit ganz allgemein. Für mich gehören aber die Einblicke in meine Kindheit nach wie vor zu den spannendsten Erlebnissen, weil sie mir helfen, mein ganzes Leben besser zu verstehen. Ich habe nicht mehr das Bedürfnis, Ausstellungen zu machen. Ich möchte meine Bilder auch nicht verkaufen. Anfang der neunziger Jahre merkte ich, wie schwer es mir fiel, mich nach einer Ausstellung von ihnen zu trennen. Doch selbstverständlich möchte ich die Bilder zeigen und erfahren, was sie beim Betrachter auslösen, was sie bei ihm oder ihr bewirken. Gerade weil mir das Malen so viel Freude macht, möchte ich diese Freude mit anderen teilen. Ich bin daher froh, daß ich die Chance habe, einige der Bilder in diesem Buch und auf meiner Website zu zeigen.

Es gibt noch einen weiteren Grund für dieses Buch. Es legt eben auch Zeugnis ab über eine Kindheit, die lange nicht zugänglich war. Dies kommt häufig vor. Man trägt in sich etwas, was man nicht kennt. In den von mir angeregten Internetforen erzählen Menschen, was ihnen in der Kindheit geschehen ist. Für viele bedeutet das eine große Erleichterung, weil sie so der Isolation entkommen, in der sie früher gelebt haben. In die Isolation gerieten sie durch ihre Scham: Sie schämten sich ihrer Verletzungen.

Doch durch die Teilnahme in den Foren und dank der Rubrik »Leserbriefe« auf meiner Website (www.alice-miller. com) begriffen diese Menschen, daß sie in der Einsamkeit der Gefahr der unbewußten Wiederholung von Kindheitserfahrungen nicht entgehen können. Sie durchbrechen den Kreislauf der Gewalt eher dann, wenn sie ihre Erlebnisse mitteilen, wenn sie sich austauschen und gemeinsam über das Geschehene reflektieren. Zugleich bezeugen sie, wie manche Kinder in unserer Gesellschaft behandelt werden, indem sie die subjektive Sicht des leidenden Kindes beschreiben und diese mit dem Urteil des bewußten Erwachsenen ergänzen. Das ist neu, das gab es bislang nicht, weil die Institution »Eltern« eine absolute Immunität genoß und die notwendige Empörung blockiert war. Gemeinsam mit anderen gelang es ihnen nun, dieses Tabu zu überschreiten, der berechtigten Empörung Ausdruck zu verleihen und Breschen in die Schweigemauer zu schlagen.

In den Foren werden die Geheimnisse der Familien nicht mehr verschwiegen, und die zerstörerischen traditionellen Meinungen der schwarzen Pädagogik werden demontiert. Ich sehe meine Bilder im Zusammenhang mit dieser Tendenz zur Aufdeckung der Wahrheit über die Kindheit. Auch sie dokumentieren die Einsamkeit eines Kindes, das ohne jegliche nährende Kommunikation aufgewachsen ist und ganz auf sich allein gestellt war.

Ich wurde vom Verlag gebeten, kurze Texte zu den einzelnen Bildern zu schreiben und komme dieser Bitte nicht ohne Zögern nach. Es ist nämlich möglich, daß Worte und Gedanken überflüssig oder auch störend sind für Leser, die die Freiheit haben, sich spontan und direkt auf ein Bild einzulassen. Für andere wiederum mag es hilfreich sein, etwas darüber zu lesen. So habe ich mich zu einem Kompromiß entschlossen. Ich habe nur zu manchen Bildern meine Einfälle aufgeschrieben. Andere ließ ich ohne Kommentare, damit sich die Betrachter frei fühlen, ihren eigenen Assoziationen zu folgen.

Die folgenden Bilder wurden mit Ölfarben, meistens auf Leinwand gemalt: 1, 2, 3, 4, 5, 6, 7, 8, 9, 10, 11, 12, 13, 15, 18, 19, 28, 29, 30, 36, 46, 50, 52, 53, 54, 56, 57, 58, 59,

60, 61, 62, 63, 66. Bild 51 (ca. 1990) ist ein Aquarell, Bild 55 wurde mit Gouachefarben auf Packpapier gemalt (ca. 1973). Bei dem Rest der Bilder handelt es sich ausschließlich um Arbeiten mit Acrylfarben, meistens auf Leinwand, manchmal auf Kartons.

1   Das wache Kind
Öl auf Karton (38 x 46 cm)

Ich sehe links eine Mutter nach der Geburt ihres Kindes, das rechts aus dem Uterus herauskommt. Das Kind hat sehr wache Augen und scheint vieles zu verstehen. Die Mutter schaut ihre blutige Hand an und begreift offenbar wenig, aber sie scheint sich dennoch zu fragen, was diese blutige Hand eigentlich bedeutet.

2   **Ja nichts zeigen**
Öl auf Karton (55 x 39,5 cm)

3 **Ohne Titel**
Öl auf Karton (46 x 38 cm)

4   **Angeblich verteidigt**
Öl auf Karton (38 x 46 cm)

5　**Der giftige Pilz**
Öl auf Leinwand (52 x 63,5 cm)

6   **Die Schweigende**
Öl auf Leinwand (75 x 55,5 cm)

7   **Gefahr**
Öl auf Leinwand (70 x 55 cm)

Hier sehe ich eine Mutter, die anstelle des Herzens einen Fernsehapparat hat. Die beiden Töchter, die sich ihr nähern wollen, fühlen sich von diesem Leib der Mutter zurückgestoßen. Oben links ist eine andere Tochter; sie gibt mit einem wissenden Blick zu erkennen, daß sie weiß, daß sie von ihrer Mutter nichts mehr zu erwarten hat.

8 Die Familie
Öl auf Leinwand (55 x 45 cm)

Ich erkenne auf diesem Bild eine Familie. Links die Mutter, die sich zum Ausgehen schön gemacht hat, rechts der Vater mit einem leeren Blick und in der Mitte das Kind, das beide Eltern gar nicht sehen, nicht anschauen. Es hat fast keinen Körper, es ist wie platt gedrückt und scheint sehr zu leiden. Unten sehe ich ein anderes Kind, von dem ich den Eindruck habe, daß es vor Wut platzen könnte, aber sich beherrscht und kein Wort sagt. Rechts sehe ich eine junge Frau, die vielleicht die Familie zu verlassen versucht, aber sie ist immer noch im Bild, sie ist nicht weggegangen.

9   Das begabte Kind
Öl auf Leinwand (65 x 85 cm)

Links sehe ich eine schwangere, depressive Mutter mit einem leeren Blick. Neben ihr steht ihre erwachsene Tochter, wütend; sie möchte ihr Vorwürfe machen, sich über etwas beklagen, aber sie bringt kein Wort heraus. Wie kann man denn eine Mutter angreifen, die wegschaut, die einen gar nicht sieht, die überhaupt niemanden sieht? Rechts im Bild erkenne ich den Kopf eines Kindes, ausgestattet mit einem üppigen, schönen Haarschmuck, es wirkt allerdings unglücklich und einsam. Das Kind versucht, seine Welt zu verstehen, doch dafür ist es noch viel zu klein. Es hält einen Vogel in der Hand und weiß nicht, ob dieser fliegen kann und ob er überhaupt noch lebendig ist. Dieser Vogel symbolisiert auf eine Art das Leben dieses Kindes, das von beiden Frauen überhaupt nicht beachtet wird. Das Kind ist nur Kopf, nur schön, aber ohne Kontakt zu den Menschen neben sich, ganz sich selbst überlassen, seinem Blick, seiner Beobachtung, seinem Leiden und seinen Gedanken.

10 **Ohne Titel**
Öl auf Leinwand (48 x 36 cm)

11   **Evas Erwachen**
Öl auf Karton (38 x 46 cm)

12 Redeverbot

Öl auf Karton (48 x 36 cm)

Ich sehe ein Gesicht voller Entsetzen. Die Haare stehen zu Berge, die Augen kriechen aus den Höhlen, der Mund ist verbunden, so daß er nicht reden und nicht schreien kann, weil er nicht darf.

13   **Die Töchter fühlen**
Öl auf Karton (46 x 38 cm)

Auf diesem Bild sehe ich eine Mutter, die vollkommen
erstarrt ist, als hätte sie keine Gefühle. Die zwei Töchter,
die sich an sie schmiegen, sind dazu verdammt, die unter-
drückten Gefühle ihrer Mutter zu fühlen, links die Trauer,
rechts die panische Angst, ohne daß sie bei der Mutter die
geringste Hilfe und das mindeste Verständnis für ihre Gefühle bekommen. Sie bleibt ahnungslos und schweigt.

14   **Die innere Bevölkerung**
Acryl auf Karton (48 x 36 cm)

Das Bild stellt das Gesicht einer jungen Frau oder eines
Mädchens dar, das sehr viele Gestalten in sich birgt, Erin-
nerungen aus verschiedenen Begegnungen mit Menschen.

15　**Tanz**
Öl auf Karton (35 x 47 cm)

16   **Ohne Titel**

Acryl auf Karton (37,9 x 51 cm)

17 **Ohne Titel**
Acryl auf Karton (38,1 x 51 cm)

18 **Ohne Titel**
Öl auf Karton (46 x 38 cm)

19   **Der Kopf**
Öl auf Leinwand (48 x 36 cm)

20   **Ohne Titel**
Acryl auf Leinwand (46 x 61 cm)

Ich entdecke ein Gesicht mit Augen und Nase, eine ertrin-
kende Gestalt. Zugleich sehe ich das Ganze als einen Bogen
über dem Wasser, und darauf bewegen sich drei Gestalten,
die sich auf diesen Bogen gerettet haben.

21   **Die Macht**
Acryl auf Leinwand (46 x 65 cm)

22   **Ein Kellner**
Acryl auf Leinwand (45 x 60 cm)

23 **Ohne Titel**
Acryl auf Leinwand (46 x 55 cm)

24   **Der Kampf**
Acryl auf Leinwand (38 x 55 cm)

25   **Angst**
Acryl auf Karton (46 x 55 cm)

26 **Ohne Titel**
Acryl auf Karton (50 x 61 cm)

27 **Ohne Titel**
Acryl auf Karton (43 x 51 cm)

28   **Die kleine Mutter**
Öl auf Karton (59 x 49 cm)

29   **Blick zurück**
Öl auf Leinwand (42 x 56 cm)

30 **Ohne Titel**
Öl auf Leinwand (48 x 36 cm)

31   **Das Opfer**
Acryl auf Karton (36 x 48 cm)

32   **Ohne Titel**
Acryl auf Karton (38 x 51 cm)

33   **Ohne Titel**
Acryl auf Karton (36 x 48 cm)

34   **Ohne Titel**
Acryl auf Leinwand (27,8 x 33 cm)

35   **Ohne Titel**
Acryl auf Karton (37,9 x 51 cm)

36 **Ohne Titel**
Öl auf Jute (90 x 60 cm)

37   **Ohne Titel**
Acryl auf Leinwand (45,5 x 60,5 cm)

38 **Ohne Titel**
Acryl auf Leinwand (50 x 61 cm)

39   **Ohne Titel**
Acryl auf Leinwand (46 x 54,5 cm)

Hier sehe ich unten viel Licht und Lebendigkeit, die aber von etwas bedroht werden, das sich nicht deutlich greifen läßt. Ganz rechts oben sehe ich einen Pferdekopf, mehr in der Mitte Elefantenbeine. Es ist die Welt, in der das Kind lebte, als es fremden, aggressiven Menschen ausgeliefert war, ohne von der Mutter beschützt zu werden.

40   **Demütigung**
Acryl auf Leinwand (38,3 x 51 cm)

In der Mitte sehe ich eine gebeugte, gequälte, gebrochene
Figur vor einer Wand. Etwas Scharfes, Spitzes drückt diese
Gestalt nach unten, so daß sie nicht aufsehen kann.

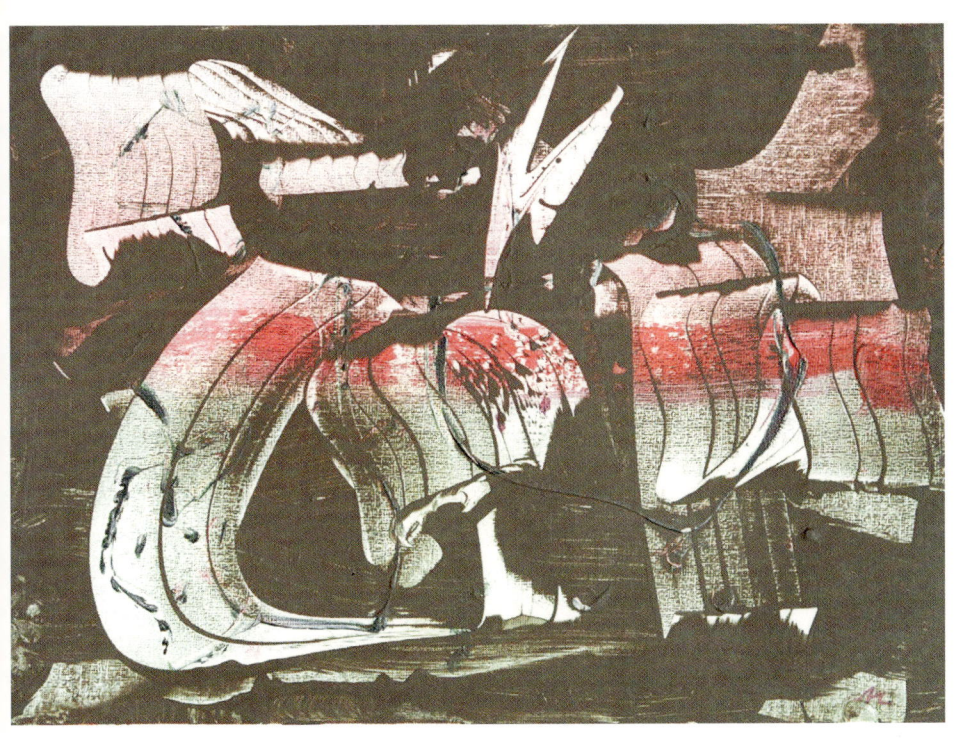

41 **Leiden**
Acryl auf Karton (42 x 51 cm)

42   **Ohne Titel**
Acryl auf Karton (37,6 x 51 cm)

43   **Fast umgebracht**
Acryl auf Leinwand (42 x 56 cm)

44   **Ganz leicht**
Acryl auf Leinwand (36 x 48 cm)

45 **Zwei Schwestern**
Acryl auf Karton (35 x 51 cm)

46   **Das Kind ganz allein**
Öl auf Karton (35 x 51 cm)

Ich sehe unten ein kleines Kind in einer bedrohlichen Landschaft und im Hintergrund drei Erwachsene, die aber mit
ihm im Grunde nichts zu tun haben. Alle haben sich von
ihm abgewandt.

47 **Ohne Titel**
Acryl auf Karton (46 x 38 cm)

48 Mutter geht weg
Acryl auf Karton (42 x 56 cm)

Links sehe ich eine junge Mutter, die sich von ihrem Kind abwendet, nicht an ihm interessiert ist, und rechts dieses Kind, das die Mutter in äußerster Spannung anschaut und nicht glauben kann, daß sie es wirklich nicht sehen will.

49   **Ohne Titel**
Acryl auf Leinwand (38 x 46 cm)

50   **Ohne Titel**
Öl auf Karton (46 x 38 cm)

51   **Ohne Titel**
Aquarell auf Papier (24 x 32 cm)

1/89

52   **Ohne Titel**
Öl auf Leinwand (53,5 x 73 cm)

53　**Ohne Titel**
Öl auf Leinwand (59 x 41 cm)

54 **Ohne Titel**
Öl auf Karton (46 x 38 cm)

55 **Ohne Titel**
Gouache auf Papier (70 x 50 cm)

56 **Ohne Titel**
Öl auf Karton (46 x 38 cm)

57   **Depression**
Öl auf Karton (46 x 38 cm)

58   **Ohne Titel**
Öl auf Leinwand, Ausschnitt

59 **Ohne Titel**
Öl auf Leinwand, Ausschnitt

60 **Ohne Titel**
Öl auf Karton (51 x 35,9 cm)

61 **Keine Kommunikation**
Öl auf Karton (46 x 38 cm)

62 **Ohne Titel**
Öl auf Karton (36 x 48 cm)

63   **Nur das Äußere zählt**
Öl auf Karton (46 x 38 cm)

64   **Ohne Titel**
Acryl auf Leinwand (38 x 46 cm)

65   **Ohne Titel**
Acryl auf Leinwand (46 x 38 cm)

66   **Ohne Titel**
Öl auf Leinwand (55 x 46 cm)